A LA CÔTE

DU

CONGO FRANÇAIS

(NOTES & IMPRESSIONS)

PAR

P. BOURDARIE

MEMBRE DE LA SOCIÉTÉ AFRICAINE DE FRANCE

MEMBRE DE LA SOCIÉTÉ DE GÉOGRAPHIE COMMERCIALE

———— ｜✳｜ ————

PARIS

LIBRAIRIE AFRICAINE

27, rue Bonaparte, 27

—

1894

A LA CÔTE

DU

CONGO FRANÇAIS

(NOTES & IMPRESSIONS)

PAR

P. BOURDARIE

MEMBRE DE LA SOCIÉTÉ AFRICAINE DE FRANCE

MEMBRE DE LA SOCIÉTÉ DE GÉOGRAPHIE COMMERCIALE

Conférence faite à la Société Africaine de France.

Décembre 1893.

PARIS

LIBRAIRIE AFRICAINE

27, rue Bonaparte, 27

1894

Beaugency. — Imp. J. Laffray.

A LA CÔTE

DU

CONGO FRANÇAIS

(NOTES & IMPRESSIONS)

CONFÉRENCE

Faite à la Société Africaine de France

Dans sa Séance du 12 Décembre 1893.

MESDAMES, MONSIEUR LE PRÉSIDENT, MESSIEURS,

L'année dernière, à pareille date, j'avais l'honneur de lire devant la Société africaine de France une petite étude sur la culture du limonier au Congo français au point de vue de la fabrication de l'acide citrique. Au mois de février suivant je m'embarquais à Bordeaux avec l'intention d'étudier particulièrement les conditions de culture de cette essence, et, plus généralement, le mouvement agricole sur cette partie de côte occidentale. Les lignes principales du projet que je soumettais à la Société se trouvent n'avoir point besoin de modifications. Aussi n'est-ce point de cela que je voudrais vous entretenir ce soir. Tout voyage, toute excursion, peuvent être considérés sous deux points de vue, 1° le point de vue pratique ; on allait là... pour affaires, pour études, par exemple, et l'on se trouve alors en présence de quelques pages arides, sèches, chargées de chiffres et de calculs : l'intérêt seul est en jeu ; 2° le point de vue philosophique ; on a vu des choses nouvelles ; de ces choses vues sont nées des réflexions ; la première est toujours : il me semble que cela eût été mieux ainsi ; et voilà aussitôt que l'esprit de de critique commence son petit travail, il cherche, il fouille, il note, et ce travail pourra être utile si la critique n'est pas systématique, si elle sait mettre ce qui est bien en regard de ce qui est mauvais, si elle sait demeurer fidèle à son essence même, je veux dire : la recherche du mieux en réclamant la suppression du mal ou même du médiocre. Il y a encore à côté de ces réflexions critiques des considérations d'ordre plus général, plus élevé, et qui naissent non seulement des choses vues, mais aussi et surtout des impressions reçues. Ces deux opérations de l'esprit : critique et considérations philosophiques, peuvent, je crois, par opposition au côté intérêt du voyage, constituer son côté idées.

Et c'est cela que je vous demande la permission de soumettre à votre appréciation bienveillante. Idées, ai-je dit... Je m'empresse d'ajouter qu'aucune d'elles n'a le mérite de la nouveauté, parce que la vie dans ces pays, le contact de ces populations primitives les suggère à tous sans effort. Le tempérament, le caractère du visiteur peuvent seulement apporter des variantes ; mais si bien d'autres avant moi les ont rapportées du pays noir, elles seront, du moins, clairement et sincèrement affirmées, telles que ressenties, et même si elles devaient aller à l'encontre de quelques intérêts, de quelques amour-propre ou de quelques autres idées déjà reçues, mais non contrôlées par les faits ou par la raison...

Peut-être ce travail manquera-t-il d'un"ordre bien défini, paraîtra-t-il à l'examen un peu décousu. Il existera cependant entre chacune des questions qu'il examinera un point de rattache, un lien général, et ce lien sera... la recherche de l'accord entre les intérêts particuliers de la colonie du Congo, ceux, plus grands, de la métropole et ceux enfin, primordiaux et essentiels, des peuples dont nous nous disons les éducateurs.

Que cette conférence serve, si peu que ce soit, l'un quelconque des points de vue que je viens d'indiquer, et je me tiendrai satisfait.

*
* *

1° Dans le remarquable discours qu'il a prononcé àLibreville à l'occasion du concours du 13 juillet dernier. M. Forget, directeur de l'Intérieur par intérim, s'exprimait ainsi :

« Agir, commettre des fautes plutôt que ne rien faire !
« Répondons aux reproches par des paroles et par du pro-
« grès, et gardons une parcelle de reconnaissance même à
« qui nous attaquerait injustement. La conspiration du
« silence est la seule dont on ne triomphe pas ! »

S'il garde sa reconnaissance même aux reproches injustes, que sera-ce lorsque ces reproches seront : 1° basés sur la vérité et 2° inspirés par le seul désir de voir marcher rapidement au progrès, à la civilisation, une colonie si digne d'intérêt par les éléments qu'elle renferme, et qui ne coûta à la France ni millions nombreux, ni expéditions sanglantes et douloureuses au cœur des mères ?

Oui, agir.... commettre des fautes plutôt que ne rien faire ! Il y a dans cette phrase un aveu qui ne manque pas de mérite. Sans doute les revevenus les plus gros de la colonie ont été dépensés à agrandir le domaine... Sur l'Oubanghi et la Shanga de grands efforts ont été faits... et aux brillantes explorations qui semaient la route de traités de protectorat. M. de Brazza a joint sa méthode, sa tactique toute de patience et de ténacité, et assis pour toujours notre influence des rives de l'Océan, entre Loango et Batah, jusqu'aux confins de l'Islamisme intérieur, à Bania!... Et de tout cela il faut se réjouir et le féliciter... Mais à côté de l'agrandissement n'y avait-il point place pour le perfectionnement? Tout le discours de M. Forget semble le dire — à mon tour je ne crains pas de l'affirmer et j'ajoute que le budget local n'en eut point trop souffert...

(a) On est tout d'abord frappé au Congo de l'absence de voies de communications. A peine sorti de Libreville, de Loango on retombe dans le petit sentier si souvent décrit. Il caractérise si bien ces pays! Large de 20 centimètres environ, la place des deux pieds pendant la marche, il serpente au milieu des herbes qui atteignent facilement deux et trois mètres de haut, ou bien s'enfonce dans la forêt épaisse et sombre, coupé ici de gros troncs d'arbres qu'il faut escalader, et là de marigots boueux qu'il faut franchir à dos d'homme, à moins que l'on n'y entre jusqu'a la ceinture ou jusqu'aux épaules.

Parfois, cependant, les noirs ont-ils l'idée de tracer des chemins largement ouverts. Mais je n'en ai guère d'exemples que dans la région de Batah. Les Bohmoudis ont sous bois une fort jolie route de 3 mètres aboutissant à la mer, et les Pahouins, à la pointe des Ohnés, ont une avenue de huit mètres faisant suite à un large sentier. Au bout de cette avenue les Ohnés ont installé une forte palissade d'énormes pieux profondément enfoncés en terre... Mais toutes ces ombres de routes n'ont que peu de longueur: de 200 à 1,500 mètres au plus!...

A part ces rares tronçons de route qui avoisinent les villages, ils n'existe rien et l'Européen doit marcher en file, perdant un long temps à suivre les sinuosités décrites sur le sol par une séculaire procession de pieds nus... Existait-il un moyen pratique de créer des voies plus en rapport avec nos mœurs à nous et la nécessité d'un progrès rapide pour cette colonie? Je le crois. Il eût suffi d'amener, par une série de palabres, les chefs de village à fournir une main-d'œuvre indigène gratuite, sous forme de prestations. N'est-ce pas ce que faisait la marine autrefois à Lilvreville même? N'est-ce pas ce que faisait M. Ballay à Konakry où M. Georges Paroisse a pu admirer une route de 8 mètres, en dos d'âne, avec des fossés, s'étendant jusqu'à 40 kilomètres vers l'inrieur? Je ne sais si l'idée des prestations indigènes est ou n'est pas celle qui a présidé à la création des chefs d'exploration, mais ce que je crois, c'est qu'il y aurait moyen d'organiser par eux, dans ce sens, tout un mouvement général dont la colonie ne tarderait pas à ressentir les bon effets. Imaginez ces agents parcourant les régions qui leur seraient attribuées, Leur tâche comprendrait deux parties : 1° contribution à la carte exacte du pays; 2° palabres avec les chefs de village et détermination exacte des directions à suivre, des moyens d'exécution et des primes en marchandises, si elles étaient nécessaires. Quant à l'exécution elle-même et à la surveillance, elles seraient laissées aux chefs de station et aux chefs de poste. En un temps assez court et à peu de frais tous les villages seraient reliés entre eux, et la pénétration ne tarderait pas à devenir un fait accompli. N'est-ce pas ce système ou un autre analogue qu'appelait de ses vœux M. Forget? « Celui-là qui le premier se « résignera humblement à fouiller et à fendre les brousses « qui nous environnent et nous étouffent aura bien mérité « du Congo? « Nous répondrons à M. Forget ou à son successeur : des actes, des actes! et les reproches feront place aux applaudissements. Gardez-vous d'attendre que tout se fasse par l'initiative privée ou par des sociétés. Celles-ci ne viseront que les grandes entreprises, telles qu'un chemin de fer de Loango à Brazzaville — et rien n'est plus à souhaiter que leur pleine réussite! Mais c'est à vous qu'il appartient de chercher le progrès par des moyens plus simples, mais avec méthode et persévérance, et c'est de vous qu'on pourra dire alors que vous avez bien mérité du Congo. »

(*b*) Je passe sans transitions à ma deuxième critique. Les divers postes français établis au Congo laissent souvent beaucoup à désirer au point de vue matériel. Installation mauvaise, entretien nul, ressources dérisoires. Ici ce n'est pas tant l'administration qui peut être rendue responsable que les titulaires mêmes de ces postes. Le budget de la colonie n'est pas gros et il s'agit d'approvisioner les agents qu'on trouve jusqu'à Bania, jusqu'à la Kemo. Or, que ce soit par convois, comme dans l'Ogooué, par caravanes, comme de Loango à Brazzaville, ou par canonnières, comme dans l'Oubanghi et la Shanga, cela coûte cher. Chaque poste a donc son budget mais souvent assez restreint. C'est à l'agent placé là à savoir tirer parti de tout ce qui l'environne, et, pour me servir d'une expression vulgaire consacrée la-bas, à se débrouiller !

De même qu'un planteur assure d'abord la nourriture de ses hommes par des plantations de manioc, de bananiers et de maïs, de même devraient procéder les agents. Les bras ne manquent pas — miliciens, femmes de miliciens, prisonniers pour délits variés, peuvent et doivent être employés à cela plusieurs heures par jour. A côté de ces plantations utiles il peut en être fait de plantes industrielles, cafés et cacaos, etc., ou de plantes d'agréments, fruits et fleurs... Le reste de la journée étant consacré aux choses d'intérêt plus général, exercices, police, entretien du poste et des routes, palabres, etc...

Mais, je le répète, les résultats obtenus changent avec les personnes. Dans tel poste, blancs et noirs passent la journée dans l'inaction de l'indolence. Aussi ce coin-là est-il mortellement pauvre, nu et triste ! Là, au contraire, tout réjouit la vue. Des arbres variés sont alignés… la cour est entourée de buissons fleuris… on devine que le blanc laissé seul au milieu de ces sauvages n'a pas cédé à l'indolence qui constitue l'air ambiant. Visitez le poste de Batah… Les cuivres, retirés de l'Albatros échoué sur les rochers de la côte, reluisent, la maison est blanche et propre, la cour est pleine d'ombre… les fruits de l'équateur sont à la portée de votre main, la basse-cour est pleine, l'étable renferme des cabris, des moutons et des porcs qui se reproduisent… Quelques centaines de caféiers, de cacaoyers, de caoutchoutiers de Céara sont là comme plantation modéle, un jardin potager donne des légumes toute l'année et jusqu'à du cresson de fontaine, Tout cela ne vaut-il pas mieux que les meilleures conserves ? Et c'est dans tout le poste un va-et-vient continuel. Tout le monde travaille… Le dimanche venu le poste est pour les autres Europèens un but de promenade parce qu'on se plaît là. Il est vrai que M. Delaroche est un des rares « convaincus » du Congo. Est-ce pour cela que sa santé est si brillante, donnant un démenti à ceux qui disent que c'est « pays de mort! » Les agents qui descendent du haut vous disent que Liranga est un petit paradis. Auteur, M. Manas. Pourquoi n'en est-il pas de même partout ailleurs? et l'administration ne pourrait-elle exercer une influence salutaire sur ses agents par des instructions pratiques et aussi par des admonestations sévères quand les choses seraient dans l'état où je les ai vues dans tels postes du sud que je ne veux point nommer ?

L'impression faite sur les étrangers est déplorable et ils ne la déguisent pas…

Enfin, apporter un changement à cet état de choses serait un excellent moyen d'exercer une grande influence et de prendre autorité durable sur les noirs ; car ce serait déjà commencer leur éducation par la vue du bien-être, résultat d'un petit effort quotidien…

(c) *Jardin d'essai.* — Il existe à Libreville un jardin d'essai d'une contenance de 5 hectares environ. Que ce jardin soit d'une importance réelle, cela n'est point à démontrer... mais sans vouloir nullement médire de personne, à plus forte raison des morts, peut-être, son ancien directeur, feu M. Pierre, n'avait-il point saisi toute cette importance... Peut-être le considèrait-il simplement comme un jardin botanique, dans lequel on accumule le plus d'espéces possible pour le plaisir de les posséder, de les cataloguer. Il connaisait bien son jardin, savait la place exacte de chaque plante ; mais les visiteurs étaient dans l'impossibilité absolue de se retrouver au milieu de toutes ces essences, aucune d'elles n'étant munie de sa fiche, de son état civil. Je dois dire cependant qu'il avait semé quantité de caféiers, de cacaoyers, et de caoutchoutiers, destinés aux Européens et aux indigènes de bonue volonté. A part cela il se renfermait volontiers dans un travail de pure botanique... Il semble, quand on dit jardin d'essai, et si l'on veut que l'institution réponde à l'idée qui a présidé à sa création, que l'on doive surtout s'attacher à déterminer les conditions de culture des plantes qu'on a sous la main. Je ne demande, certes, pas qu'on supprime la partie scientifique, la collection des espèces de la région ou de celles qu'on a pu acclimater ; mais il me semble que dans une colonie jeune comme le Congo et dont le véritable avenir se trouve dans l'agriculture, il me semble, dis-je, qu'on doit donner la plus grande extension à la partie pratique, à celle qui peut donner d'utiles renseignements et exercer par là une influence marquée sur l'exploitation rationnelle du sol... Grouper ensemble tout ce qui est immédiatement utilisable, étudier les variétés diverses et leur rendement suivant les terrains, établir des prix de revient, essayer même la culture de plantes des forêts qui paraissent indomptables et dont l'exploitation est laissée aux mains inexpérimentées et imprévoyantes des noirs...

tel doit être surtout ce programme... et c'est bien ainsi que paraît l'avoir compris le nouveau directeur, M. Chalot, qui déjà avant, avait rendu des services dans la mission Dybowski... Toutes les espèces, toutes les variétés sontexactement étiquetées et la nomenclature en a paru à l'*Officiel* du Congo — nomenclature très heureusement divisée, non seulement en familles, mais encore en plantes utiles et plantes d'ornement. Le plus grand soin est donné à tout ce qui peut développer le goût de l'agriculture — résultat : un mouvement se dessine dans ce sens — on visite fréquemment ce jadin, on demande des renseignements qui ne sont jamais refusés ni retardés. M. Chalot m'écrit qu'il ne peut même suffire aux demandes qui lui viennent de tout cotés. Peut-être de mon côté n'aurai-je pas été tout à fait étranger à ce réveil... car je n'ai pas laissé passer une occasion de prêcher la bonne parole...

Mais si l'administration veut aider sérieusement à ce progrès, qu'elle n'enferme pas le directeur dans les minuties paperassières — n'est-il pas arrivé que des indigènes, venus pour emporter des caféiers, étaient obligés de présenter une demande écrite, contrôlée par un ou plusieurs bureaux... et peut-être même timbrée à 0 fr. 10. Mais ils ne savaient pas écrire... mais ils ne connaisaient pas la valeur de ces 10 cent... mais ils ne ne comprenaient pas pourquoi il fallait tant de démarches pour emporter dix arbustes qui tenaient dans leurs deux mains... Au bout de quelques jours plus aucun noir ne demandait ni caféiérs, ni cacaoyers...

Demandez au directeur de votre jardin d'employer toute son activité à cette diffusion des plantes chez les indigènes... il s'en perdera quelques-unes, sans doute... mais beaucoup seront conservées et pourront être utilisées un jour... et dans le but que j'indique, laissez à votre directeur la plus grande liberté d'action et d'allures...

(*d*) *Annamites*. — Un essai de main-d'œuvre annamite a

été fait au Congo. Il eût été pleinement satisfaisant... et la suite le prouve... si ces jaunes transportés en terre noire l'eussent été à d'autres titres que celui de condamnés et si, même dans ce cas, on ne les eût pas attelés à besogne mortelle : l'assèchement des marais de Pira !... Le détachement comprenait près de 100 individus... il en reste 16... On leur devait bien quelque chose !... Ils ont alors reçu de petites concessions de terrain... et les instruments nécessaires à la culture... Et c'est merveille de les voir déployer, au milieu de races essentiellement paresseuses, toutes les ressources de leur esprit inventif et de leur activité qui ne connaît point le relâchement ! Leur village est d'une joliesse et d'une propreté ravissantes avec les mille et un petits riens faits de bambous, de lianes, et d'écorces... Leurs plantations peuvent servir de modèles, et dans leurs jardins aux planches bien alignées, choux, radis, salades poussent à l'envi... Mais... il y a un petit mais... Établissons une balance... Ce sont des condamnés... La loi de guerre veut qu'ils soient exilés de leur patrie... Je n'apprécie pas, je constate... On assure leur existence, ils reçoivent la ration tous les jours, ils ont même droit à toucher le prix du travail qu'ils fournissent pour le public. Mais si je considère qu'on leur donne le terrain, l'habitation, la nourriture, les instruments de travail, les semences, je trouve exorbitant qu'ils puissent vendre une tête de salade au prix de 0 fr. 50. Vous croyez que je veux plaisanter... point du tout... car je plaide en ce moment la cause de l'agent auxiliaire du Congo... La vie est déjà chère à Libreville... Avec 100 fr. par mois on mange mal... Eh bien ! l'agent auxiliaire de 3e ou 4e classe reçoit au total 1800 fr. !... Au prix de 0 fr. 50 la tête, cet homme ne peut jamais manger de salade... Et cependant rien de meilleur pour l'Européen sous l'équateur que des légumes frais... Ajoutez encore qu'à ce prix de 0 fr. 50 la salade, l'Annamite, condamné politique et déporté, gagne beaucoup plus que l'Européen chargé de sa surveillance... Dira-t-on qu'il serait inhumain de les tarifer? Il me semble que ce serait rétablir la vérité des conditions pour l'un et pour l'autre... Ce petit mais... ayant reçu son explication, je désire vivement que d'autres essais soient tentés sur une échelle beaucoup plus grande .. L'Annamite placé dans les conditions ordinaires de l'existence là-bas résiste fort bien au climat africain... et l'on pourrait céder partie de cette main-d'œuvre aux colons qui en feraient la demande et à la condition d'un contrôle sérieux de l'administration.,. Les deux colonies y trouveraient chacune son avantage... Exutoire d'un élément mauvais et dangereux pour la première, acquisition pour l'autre de ce même élément qui devient des meilleurs par la force des choses... M. le Dr Verrier y verrait peut-être autre chose... un moyen de combattre le dépeuplement de l'Afrique par les croisements possibles, mais surtout par l'exemple de la sobriété, comme aussi du travail patient, tenace et fécond.

(*e*) *Elevage*. — Une compagnie des produits du Congo s'est établie dans l'île de Mateba (Etat indépendant) et fonctionne depuis le 1er février 1890. Elle est arrivée depuis ce temps à vendre 1,000 têtes de bétail pour la boucherie et par an. Quand on mit les bêtes dans l'île, elles y trouvèrent l'herbe de Guinée, très bonne quand les pousses sont jeunes, mais qui atteint deux mètres de haut et n'est plus bonne alors à rien, les tiges étant dures et coriaces. En moins de trois ans, le bétail a lui-même amélioré son pâturage et l'on peut voir dans l'île des prairies comparables aux belles prairies de Flandre. Tous les soirs de jeunes bouviers ramènent les bœufs dans d'immenses hangars à claire-voie où ils passent la nuit, et on ne les laisse sortir qu'après 9 heures du matin, quand la rosée est évaporée...

Au Congo français, nous sommes en retard sur ce point comme sur tant d'autres. Nous n'avons rien d'analogue. Un essai avait été tenté à Côte-Matéva, mais a dû être abandonné faute de fonds, je crois... La réussite serait du reste venue. Des animaux provenant de là prospèrent au poste de Loudima... Brazzaville possède un troupeau et les Européens peuvent boire du lait frais tous les matins. Il y a à Libreville plusieurs troupeaux ainsi qu'à Batah. Oserai-je dire qu'on ne leur accorde peut-être pas tous les soins qui seraient nécessaires... Les animaux mangent languissamment ce qu'ils trouvent et rentrent le soir sans qu'on se soit occupé d'eux. Le lendemain et le surlendemain même négligence. Au concours de Libreville du mois de juillet dernier, l'on semble avoir trouvé merveilleux qu'un taureau ait pu être exposé; il appartenait à la Maison Gutshow. On en a conclu que la question de l'acclimatement serait résolue en grand dès qu'on le voudrait. Elle l'était, certes, à mon sens, bien avant que cette maison étrangère eût exposé son taureau, mais celle qui ne l'était pas et qui ne l'est pas encore, c'est celle de l'élevage... Bœufs, moutons, porcs, ânes, mulets cabris et volailles de toute sorte viennent à l'envi, se reproduisent, mais faut-il croire que parce qu'on est sous l'Equateur les choses doivent se faire d'elles-mêmes, sans vigilance et sans soins? Cette sollicitude, souvent affectueuse, dont notre paysan de France entoure son bétail n'est pas moins nécessaire au Congo. Seul le cheval a quelques difficultés à s'acclimater. L'on a pu voir cependant à Libreville un exemple concluant. Le directeur de la plantation hollandaise du lac Cayo possède aussi un fort joli animal et le monte tous les jours; mais, dans les deux cas, il a fallu des soins minutieux et assidus...

L'action administrative n'était-elle pas indiquée dans ce sens? Il est commode de tout attendre de l'initiative individuelle... mais ne vaut-il pas mieux la susciter? non par des discours oubliés le soir même, mais par des démarches de Directeur à Colon. Et lorsque cela ne suffit pas n'est-il pas bon d'agir officiellement et d'engager une dépense budgétaire minime et sur les résultats de laquelle chacunse puisse baser?

Voici deux cas bien évidents pour moi, dans lesquels il était nécessaire que le gouvernement de la colonie fît les premiers pas. Sur certains points le bœuf sauvage pullule... Tout européen né chasseur ne veut pas quitter le Congo sans avoir à son actif une ou plusieurs têtes, et, quoique la chose ne soit pas sans dangers, il y arrive... Eh bien! a-t-on songé à demander aux noirs de les capturer au lieu de les tuer? Les Pahouins en prennent parfois de vivants, et voici comment ils procèdent : un trou profond est creusé au milieu d'un passage ; aux parois ils adaptent de gros pieux placés horizontalement, à petite distance l'un de l'autre et solidement établis... Le trou est ensuite recouvert de menues branches, de feuilles, et d'herbages... Si un animal passe par là, il tombe inévitablement dans la fosse, et ses jambes passent dans les intervalles des pieux qui supportent le poids de la bête; celle-ci, ne pouvant toucher la terre, reste ainsi suspendue et c'est là que les Pahouins viennent la tuer sans peine et sans danger. On eût pu déjà depuis longtemps user du même moyen pour capturer des bœufs vivants afin de savoir quel parti on en pourrait tirer? La domestication de cette variété sauvage est-elle possible? Son croisement avec les races de la côte donnerait-il de bons résultats? Ces problèmes sont restés dans l'ombre.

A côté du bœuf sauvage, il y a l'éléphant. Voilà une richesse naturelle que l'administration ni personne ne songe ou du moins ne cherche à capter. Il vient des chasseurs d'éléphants qui finissent, à bout de ressources ou dégoûtés du métier, je ne sais au juste, par se caser dans une maison de commerce ou retourner en France, mais il ne vient pas de traqueurs d'éléphants!...

Je dois à la vérité de reconnaître qu'il y a eu au Congo un exemple d'éléphant en captivité.

L'histoire m'a été contée par plusieurs personnes dignes de foi... La voici :

C'est sur un point de la côte où ils abondent... Là, au bord même de la mer, dans une immense prairie, l'on trouve les passages de la bête. Sous bois, ses foulées et l'amas énorme des résidus de sa digestion sont la preuve indéniable de sa présence en ce lieu.

Dans la cour d'une des maisons de commerce établies sur ce point, on a pu voir un tout jeune éléphant en liberté... L'animal était très doux, se laissait approcher volontiers et recevait au bout de sa trompe ce qu'on voulait bien lui offrir, tout comme les éléphants de nos jardins d'acclimatation. Il commettait bien quelques sottises... l'on n'est jeune qu'une fois, n'est-ce pas ? mais, somme toute, il se comportait assez bien.

Malheureusement il avait contracté la mauvaise habitude d'aller se gratter contre la maison en planches de l'agent chargé de veiller sur ce point aux intérêts de la colonie... C'était très mal, cela, car les maisons là bas (et celle-là surtout, dit-on), ne sont des modèles ni d'élégance ni de solidité. L'animal aurait dû s'apercevoir qu'il ébranlait la baraque sur ses bases. Il ne le fit point ou bien s'en étant peut-être aperçu, il continua par pure malice !... Fureur de l'agent !... Avertissement qu'ont eût à empêcher la bête de gratter ses parasites ou son prurigo contre les pilotis de la maison, et enfin menaces de le tuer si le fait se reproduisait. Ou bien l'on crut qu'il plaisantait ou bien l'animal échappa à la surveillance... Quoi qu'il en soit, un beau jour, tandis qu'il s'appuyait contre l'habitation, la trompe droite et comme étonné de sa force, il reçut dans l'oreille, à bout portant, une balle de fusil Gras et tomba pour ne plus se relever... Oncques depuis, au Congo, on ne vit d'éléphant en captivité.

Dispensez-moi de tout commentaire...

Arrêtons ici nos critiques... D'autres pourraient être essayées... et avec fruit... car la connaissance exacte de ce qui est défectueux est le point de départ du perfectionnement... Je laisse cette tâche à de plus compétents... Si même j'ai signalé ces choses, c'est parce que la méthode qui paraît être la conséquence de mes critiques n'eût pas, comme je l'ai dit tout d'abord, considérablement grevé le budget du Congo.

*
* *

Je m'estimerais heureux si un peu de progrès pouvait naître de ces lignes.

C'est ici que ma tâche devient difficile. Les proportions de cette petite étude ne me permettent pas d'entrer dans tout le détail des causes que je voudrais dégager, ni de les classer logiquement. Etudier les causes de l'infériorité actuelle du Français vis-à-vis de l'étranger (je dis actuelle, parce qu'elle existe réellement aujourd'hui, mais n'a pas toujours existé), indiquer les moyens pratiques de rattraper les distances et de prendre même la tête, déterminer psychologiquement, si je puis ainsi parler, l'action d'une race avancée comme le blanc sur une autre race qui en est restée aux âges primitifs comme le noir... Il y a là matière à plusieurs volumes... et il faudrait surtout pour un travail de cette importance d'autres compétences et d'autres plumes que la mienne : — mais il est dit que toute bonne volonté est louable, que tout travail est utile, et c'est dans cette parole que je trouverai mon excuse.

Français et Etrangers. — J'ai la liste de toutes les maisons établies au Congo, et voici la proportion : Sept maisons françaises ont à lutter sur le territoire français contre vingt maisons étrangères. Les premières paient 7 patentes de 1re classe et 29 patentes de 2e classe. Les autres paient 33 patentes de 1re classe et 230 patentes de 2e classe... Voilà le fait brutal... Pourquoi le Français ne colonise pas, on en a donné de multiples raisons. Elles sont, à mon avis, toutes bonnes : je veux dire qu'il y a dans chacune d'elles une part de vérité. Mais laissons de côté ce point qui nous mènerait trop loin et prenons sur place les deux éléments que nous mettons en parallèle. La constatation se fait facilement au bout de peu de jours. Partout où l'étranger se déclare, somme toute, content et satisfait, malgré les accrocs de toute nature, malgré les pertes fréquentes, malgré la Douane, le Français, lui, se plaint toujours.

Voici deux causes : 1° Les maisons françaises ne veulent apporter aucun changement à leurs procédés de fabrication, sous le fallacieux prétexte de conserver à nos produits la supériorité sur les produits étrangers. C'est fort bien quand il s'agit du commerce européen, parce que, là, nous sollicitons le jugement d'acheteurs intelligents, capables d'apprécier les plus légères différences et de les évaluer ; — mais nous ne sommes nullement pratiques quand nous transportons ce raisonnement sur la terre d'Afrique, où nous devrions apprendre à nous plier, comme les étrangers, aux goûts des indigènes, et même à leurs exigences. De nombreux rapports de chambres de commerce et de voyageurs ont appelé l'attention là-dessus sans que les choses aient reçu la moindre modification. — 2° Vous avez entendu les plaintes, et vous vous êtes arrêté à ce que je viens de dire comme à la cause première du mal. Le contact des gens, les rapports quotidiens avec les uns et les autres vont vous faire découvrir d'autres causes différentes, mais qui n'ont pas une valeur moindre. L'on peut affirmer, d'une manière générale, que les agents placés par les étrangers à la tête de leurs établissements ont plus d'expérience, plus d'active énergie et plus de science pratique que ceux des maisons françaises. Et, si l'on essayait une enquête adroite auprès des chefs de maison, l'on apprendrait, peut-être, que les uns sont sévères dans le choix de ceux à qui ils confient leurs intérêts, qu'ils envoient dans ces contrées pénibles et difficiles les meilleurs de leurs employés, tandis que les autres se contentent d'une certaine assurance dans la parole et le geste, ou de la bonne volonté..... deux bonnes choses, mais insuffisantes à faire un bon commerçant... De confidences recueillies, il résulterait même que certains chefs de maison ne voient souvent, dans ces choix peu sérieux, qu'une économie à réaliser sur le traitement... ceci s'appelle un mauvais calcul.

Si l'on me demande, maintenant, d'après quels signes j'établis cette différence, qui n'a rien que de général, je répondrai : qu'elle résulte d'un ensemble de petits faits de chaque jour, indifférents en apparence, mais qui n'en sont pas moins ce que j'appellerai « des symptômes d'un état général. » Voyons les uns et les autres dans leur centre d'action.

Celui-ci ne s'inquiète pas outre mesure des petits détails, — ils acquièrent cependant très souvent une importance capitale ; — il ne s'arrête pas aux petits marchés, plein de mépris pour les petits bénéfices qui cependant constituent les « gros sous » ; renvoie volontiers à tout à l'heure ou au lendemain les affaires sérieuses ; n'abaisse que rarement sa dignité de « blanc » au travail personnel ; oublie trop souvent que les noirs ont, comme nous, des oreilles pour entendre, et une mémoire pour retenir, etc... L'autre est toujours sérieusement affairé, vigilant, jetant sur tout et sur tous le coup d'œil du maître ; il connaît plusieurs langues, et se servira toujours de celle que les boys ignorent, quand il craindra d'éveiller la malice instinctive du noir pour le blanc ; il n'aime pas être dérangé dans son travail, et ne perd jamais de vue les deux principes : « Time is money », et « Business is business ».

A vrai dire, le Français se console aisément, et trouve son excuse ou dans un vice d'éducation, ou dans un certain détachement du côté pratique de la vie inhérent à son caractère. Il ajoutera même volontiers que ces défauts sont largement compensés par des qualités d'un ordre plus élevé. Mais enfin, une colonie ne vit pas de causeries stériles, de phrases creuses. Ce qu'il lui faut, c'est de l'action, et une action énergique, persévérante.

En résumé, il semble que nous ayons, à un degré moindre que les étrangers, la précieuse faculté de nous adapter aux milieux coloniaux, et nous devons, sous peine de rester toujours inférieurs, corriger, perfectionner nos procédés, nos méthodes, notre caractère.,.

Enfin, peut-être, pourrait-on reprocher à nos compatriotes qui s'exilent pour un temps de n'avoir pas toujours suffisamment cherché à connaître à fond les nouvelles conditions de vie où va se trouver leur individu, comme aussi dans quel sens, vers quel but ils pourront le plus utilement diriger leur activité, leur énergie, leur intelligence. N'est-ce pas au Congo, colonie française, que débarquèrent un jour six jeunes Français, partis de Marseille avec quelques milliers de francs, et n'ayant prévu que ceci : Nous voulions faire quelque chose au Congo ! » Commerce, élevage, plantations, mines, etc... tout cela brillait à leurs yeux, mais comme brille un nuage uniformément blanc, gris ou rose. — Ce qu'ils firent tout d'abord ? Ils chassèrent ! C'est une émotion, en effet, d'avoir au bout de son fusil un bœuf sauvage, une antilope, un hippopotame, voire même un léopard, quand on n'a connu que les cailles de la Provence... et cette émotion valait bien de se trouver, peu de temps après leur arrivée, sans munitions, sans provisions — ce qui leur advint. Des six jeunes gens les uns sont revenus en France, les autres dirigent des factoreries... Ils sont les premiers à se juger de sévère façon, en racontant leur propre histoire, et c'est ce qui m'a permis de vous la dire à mon tour...

Action générale du blanc sur le noir. — A la simple vue de l'Européen, l'indigène, même des régions inexplorées, sent, d'instinct, la supériorité du blanc : et le plus féroce anthropophage, s'il est seul, baisse le front devant le regard droit et plein d'assurance qui cherche le sien. A la côte même l'impression persiste, et n'est pas encore sur le point d'être effacée. Elle est si vive que rien ne peut l'étonner de ce qui vient du blanc... Nos paquebots, qu'il appelle des "grand pirogue", le remplissent de joie... et dans le sud, bien longtemps avant que vous ayez pu apercevoir la moindre fumée à l'horizon, vous entendez retentir le cri : « C'est l'eau ! c'est l'eau ! » poussé par des noirs, dont la vue a plus de portée en général que la nôtre, et qui colportent la nouvelle en courant !... Nos armes, nos instruments de toutes sortes, nos machines, le morceau de glace qui devient de l'eau dans la bouche en leur laissant une sensation qu'ils ignorent, « le froid », nos feux d'artifice les jours de fête nationale... tout cela l'amuse, occupe un instant sa curiosité, mais ne l'étonne nullement... Interrogez un noir sur toutes ces choses, il vous répondra par un son guttural émis bouche fermée et en allongeant le cou,... et si vous insistez, il croira avoir tout dit en s'exprimant ainsi : « machine ou manière de blanc ! »

Un Pahouin, ancien élève des Pères et maçon de son état, me disait : Français (je dois reconnaître pour notre amour-propre que nous sommes pour le noir les premiers des blancs) c'est bon Dieu de la terre ! »

Un autre, un Loango, s'exprimait ainsi : Le blanc a trop de tête pour le noir... Pauvre noir !... Le bon Dieu a... trompé le noir !

Enfin, San-Tenedo, noir sénégalais et pilote estimé du Basilic, me disait : Blanc a beaucoup tête... il connaît tout... et lui, être plus fort par sa tête et sans gros bras que le noir avec gros bras... Aussi moi gagné 12.000 francs, moi faire apprendre mes enfants comme le blanc, parce que eux gagner tête !... »

..... Ces quelques paroles, toutes marquées au coin de la simplicité et d'une confiance naïve, doivent produire sur vous la même impression que sur moi... Cette enquête a été pour moi un pur délice intellectuel et moral...

L'autorité naturelle, si je puis ainsi parler, du blanc sur le noir est donc indiscutable et il appartient aux représentants des diverses races civilisées, et parmi ces représentants, il appartient spécialement aux Français, de ne pas perdre de vue les devoirs qui découlent logiquement de ce fait.

Eh quoi ! à tout propos nous affirmons au monde que nous apportons la lumière à ces peuplades sauvages, incultes et insoucieuses du mieux matériel, du mieux moral ! Cette affirmation ne doit pas rester lettre morte. Ici et plus encore qu'au point de vue purement administratif, il faut des actes... Or... frapper à plaisir le noir, sans raison, sans nécessité, comme on ne frappe ni son chien ni son cheval... ne lui parler que sur le ton d'un mépris sanglant, le tromper, le voler, l'inciter par plaisanterie stupide ou par calcul à l'ivrognerie, s'exposer à sa commisération humiliante en se mettant soi-même dans l'état de brute inerte et puante, sont-ce là, je vous le demande, des actes propres à soutenir le prestige, à l'augmenter ? Et tout cela n'est que trop fréquent... Je ne parle qu'en général, et de la côte dont on a pu dire « qu'il faudrait, avant de civiliser les noirs, civiliser les blancs qui l'habitaient. » Ne me prenez pas pour un moraliste, à plus forte raison pour un missionnaire laïque, ma besogne est assez délicate en ne visant ici que notre propre intérêt matériel...

Ne dites pas, non plus, que je sois trop exigeant... J'en connais, qui ne sont pas ennemis de la gaîté, et qui, sans rien sacrifier de cette gaîté, savent plier leurs gestes et leur verbe aux exigences de leur dignité, et à la conscience du rôle qu'ils ont à remplir... Ceux-là, on les plaisante parfois. ou plutôt, on croit les plaisanter, en les appelant des « convaincus. » Par contre, beaucoup regardent cette épithète comme un éloge...

J'ai parlé tout à l'heure d'ivrognerie... Elle exerce les plus grands ravages parmi les noirs... Voici des faits... Dans le Loango... le premier noir venu peut acheter pour 0,25 cent. une bouteille de tafia .. (malafou, en langue du pays) et vous allez-vous demander ce que peut bien être cet alcool, quand je vous aurai dit qu'il vient d'Europe, de Hambourg, et que sur ce prix le négociant doit naturellement prélever un bénéfice!... Sachez encore, que, dans cette partie du Congo, il remplace la ration tous les matins... Je veux dire qu'on laisse au noir le soin d'échanger ce tafia contre le manioc, le poisson et le tabac qui lui sont nécessaires pour la journée... Il tend même à devenir une monnaie. Résultat : cette boisson funeste est devenue un besoin pour le noir, au grand détriment de sa vigueur physique, de ses facultés, et même de la perpétuité de sa race... Si le noir d'Afrique, et particulièrement le noir du Congo, est si paresseux, s'il continue d'aller, vêtu des mêmes pagnes, couchant dans les mêmes petites cases, n'ayant qu'une mince natte pour lit et couverture, n'améliorant donc nullement les conditions de son existence; si, malgré le contact quotidien du blanc, il n'acquiert pas le goût du travail patient; si, enfin, sa résistance et sa vertu prolifique diminuent, au point qu'une race forte, belle et intelligente comme celle des Gabonnais ait pu, en moins de 50 ans, être réduite au nombre de 5 à 600 individus, soyez persuadés que l'usage, l'abus du tafia en est la pricipale cause...

L'on ne saurait donc trop s'élever contre l'importation, dans nos colonies africaines de ce poison... Serait-il même vrai qu'un gros industriel allemand ait répondu à de vifs reproches formulés en plein Reichstag contre sa fabrication : que vous importe, puisque je l'expédie dans les colonies françaises ?...

Je ne saurais mieux résumer ces lignes qu'en vous citant l'opinion de miss Sheldon, exploratrice anglaise, qui s'exprimait ainsi au retour d'un voyage de Zanzibar au Kilima N'djaro : « Il faut user de décision et d'équité à l'égard des « noirs qui sont de grands enfants. Le mensonge, le manque « de parole attireront toujours au voyageur les plus grands « désagréments. « *Enclins à nous considérer comme des* « *êtres supérieurs, ils nous veulent plus parfaits qu'eux-* « *mêmes.* » Et j'ajoute... Tout le monde s'accorde à dire que le noir nous prend tous nos défauts... Cela n'a rien d'étonnant..., nous ne lui montrons guère autre chose...

Ce sont de grands enfants! C'est dire qu'il faut pour leur éducation, leur civilisation beaucoup de conscience, de justice, beaucoup d'habileté et de patience. En cela les meilleurs sont incontestablement les missionnaires. Un homme d'Etat, qui n'était pas l'ami du clergé en France, a prononcé cette parole : « Le cléricalisme n'est pas un article d'exportation. » Les œuvres le prouvent. Il font de bons interprètes, des écrivains pour l'administration, des charpentiers, des menuisiers, des cordorniers etc., etc., Malheureusement leurs ressources sont trop modestes pour leur permettre de suivre utilement l'enfant, quand il les quitte... Faites ces ressources plus grandes, les Pères pourraient alors donner à ces ouvriers, qu'ils ont formés, des instruments de travail et les matières premières nécessaires, sorte d'avance en nature. Cette avance deviendrait ensuite la propriété du noir, à la condition qu'il eût montré, pendant quelques années, une bonne volonté persévérante, faute de

quoi il serait condamné à restituer cette avance qui ser-
virait pour un autre (ceci est un système, d'autres meilleurs pourraient être proposés). — Mais, comme il y a pour
les missionnaires impossibilité budgétaire absolue, il arrive,
trop souvent, que leur œuvre périclite grandement, que les
semences de civilisation qu'ils avaient laborieusement se-
mées et patiemment entretenues, meurent étouffées dès que
le champ qui les avait reçues, passe dans d'autres mains...
Il n'est même pas rare de rencontrer des hommes, à l'esprit
étroit et aveuglé par la passion, qui contrecarrent systéma-
tiquement leur action. Quand donc comprendront-ils que là
où n'est pas la sympathie, fille des mêmes croyances, il peut
cependant y avoir place pour l'estime?

Qu'on soutienne donc cette action des missionnaires,
parce que, là où ils passent, la civilisation marche à grands
pas, parce que, où ils enseignent, là on aime la France!...

— Cherchons pour l'étude de cette action du blanc sur le
noir, un point de vue plus général...

Le peuple français possède à un très haut degré ce qu'on
a appelé l'emballement des mots...

Ici, je vais certainement paraître tout au moins exagéré,
mais j'ai promis d'être sincère, et d'aller même, au besoin,
à l'encontre d'idées généralement reçues. Il ne reste qu'à
savoir si la raison et les faits eux-mêmes n'infirment pas ces
idées... Or, c'est dans l'affirmation de cette absence de contrôle, que j'ai eu le plaisir de me rencontrer avec des
hommes qui, ayant vécu dans ce contraste de civilisation
extrême et non encore satisfaite, et de mœurs primitives et
invariées, tiraient à peu de chose près, les mêmes conclusions que moi. Voilà qui n'est pas pour diminuer mon assurance.

Ces précautions oratoires prises, je n'hésite plus à affirmer que l'abolition de l'esclavage, telle qu'elle a été com-
prise et appliquée, est un non-sens, et que son plus clair

résultat aura été, peut-être, de retarder d'un siècle la civilisation de ces peuples, à qui, cependant, nous avions cru apporter le plus grand de tous les biens...

Ne criez pas au paradoxe... car nous serons peut-être d'accord, quand nous aurons, ensemble, creusé les mots, et cherché les idées qu'ils recouvrent.

On a fait des décrets internationaux... — l'esclavage est aboli!... — fort bien! Pensez-vous que tout soit dit, et qu'il faille, comme conséquence logique de ce décret, considérer ces pauvres humains comme les égaux, je ne dirai pas d'un Pasteur, ni d'un Gounod, mais même d'un simple facteur rural, qui, lui, du moins, a conscience de sa raison d'être et de son rôle social? Pensez-vous, vraiment, que l'application intégrale du code civil à ces... enfants de l'humanité puisse avoir une influence quelconque sur leur marche rapide vers la lumière?

Notons, en passant, cette étrange contradiction : le code civil fonctionne pour les noirs du Sénégal et du Congo et non pour les Arabes d'Algérie!!...

Considérez, je vous prie, que, depuis des siècles, ils piétinent, n'ayant rien changé de leur vie matérielle et ignorants de tout élan vers l'idée! Qu'ont-ils inventé? Qu'ont-ils pensé? Qu'ont-ils senti? Qu'ont-ils découvert? Qu'ont-ils seulement cherché? Car ce qui caractérise les civilisations qui ont passé sur la terre, c'est surtout cette recherche du mieux que les noirs ont toujours ignorée et qu'ils ont tant de peine à acquérir au contact des Européens. Leur analyse psycho-physiologique est vite faite, et comprend : l'énumération de quelques instruments aussi rudimentaires pour le moins que ceux de nos ancêtres les Gaulois, la description de quelques traits de mœurs, de quelques us et coutumes, de quelques sentiments peu compliqués et à demi-inconscients, et les manifestations brutales d'une religiosité fille de la crainte et non de l'amour! Et c'est tout!... Et cela n'a point subi le mouvement ascenscionnel — Excelsior !

En vérité, croyez-vous qu'un décret, c'est-à-dire un trait de plume, puisse détruire cette formidable hérédité des siècles d'abrutissement qui pèsent sur leur épaules, ou que les plus beaux articles du code la puissent réduire en une moitié de siècle ou même un siècle tout entier ?

Entendons-nous bien, car la matière est délicate. Vous avez parfaitement compris que je ne m'élevais nullement contre le décret lui-même, mais seulement contre la signification et les conséquences que nous lui avons données... Le sens du décret ne pouvait et n'aurait dû être que celui-ci : Désormais nul ne pourra mettre un obstacle quelconque à l'élévation du noir jusqu'au niveau intellectuel et moral atteint par le blanc.., et désormais aussi, tout blanc aura l'obligation d'aider à cette élévation par les moyens en son pouvoir. Toute autre conception serait fausse et nuisible Si de plus elle était entachée de ce cet humanitarisme vague et de ce sentimentalisme imprécis qui ne sortent pas des mots et sont alors le pire des égoïsmes, la pire des hypocrisies, elle tomberait sous le ridicule et l'odieux...

...Quelle inconcevable naïveté de dire à un sauvage, solennellement, le code à la main : « Mon ami, je déclare que tu es libre ! »

Dites cela à un noir, et vous verrez paraître, sur sa physionomie, ce que n'ont pu faire naître ni vos machines perfectionnées, ni vos inventions les plus merveilleuses... Je veux dire les marques du plus profond étonnement !

Libres ! mais ils ont comme un vague instinct qu'ils le sont plus que nous... La terre n'est à aucun d'entre eux, et s'ils ont fini de se complaire sur ce point, ils vont ailleurs... l'espace, le temps... qu'est cela pour eux ? Le soleil se lève, il se couche : fort bien ! Je mange, tu chasses, il danse : c'est parfait !... La terre équatoriale les nourrit, sans qu'ils aient pris grand'peine!... Ils n'ont aucun besoin : bien-être, luxe, cela n'existe point pour eux... donc qu'est-ce que travailler?... Et nous les déclarons libres! Quelle plaisanterie!

Eh bien! non! nous étions dans le vrai : mais nous avons trop vite oublié ceci : c'est que la liberté est faite de la conscience de son être et de la conscience du but de l'existence même; faite de responsabilité et de mérite, de travail volontairement accepté et accompli... et nous avons oublié qu'il fallait, d'abord, les amener à ces compréhensions, pour avoir le droit de leur dire ensuite : Vous êtes libres! Que la liberté physique n'est rien sans celle de l'intelligence et sans celle de l'âme.

Or le code civil les suppose seulement mais il ne les crée ni ne les développe.

Nous nous sommes trop pressés... Sans doute, ces primitifs sont, au fond, les mêmes que nous... Sans doute, leurs idées, leurs sentiments et leurs mobiles découlent des mêmes sources, rentrent dans la même classification, mais, à bien regarder les détails, quelle différence!... Ils sont le bloc de marbre du philosophe qui contient tout ce qui sera la statue, à la condition que le statuaire apporte son ciseau!... nous oublions peut-être d'ôter la gangue, de dégager la statue, à petits coups patients et habile. et nous plaçons le bloc sur un socle, en disant : voilà la statue! voilà des citoyens!...

Essayez de marquer, pour ainsi dire, à l'échelle, le chemin qu'ils ont à parcourir pour être une civilisation égale à la nôtre...; constatez, ensuite, combien facilement nous les déclarons civilisés sur la simple remarque d'une pâle imitation de nos « raisons d'agir »... et vous comprendrez, alors, pourquoi j'ose dire, qu'en leur donnant d'emblée notre code — c'est-à-dire nos obligations, nos devoirs et nos droits — nous apportons. en même temps, le plus gros obstacle à leur progrès réel... Il les empêche d'apprécier, de façon saine et exacte, la montée intellectuelle et morale qu'ils ont à fournir..,. Les anecdotes probantes ne manquent pas... on en récolterait vite des volumes...

Nous allons trop vite dans cette besogne délicate... Depuis un siècle, nous sommes habitués, en France, à franchir, en quelques années à peine, des distances que nos pères mettaient des demi-siècles et plus à franchir... et il nous paraît tout simple d'exiger des autres le même effort... mais si cet effort nous fatigue seulement (je parle des races), il les tuera, eux! Tels, le gymnaste exercé et l'homme aux membres lourds et inassouplis : le premier se livre impunément aux mouvements les plus hardis, se lance en tournoyant dans l'espace, mais retombant toujours sur ses pieds, se redresse vigoureux et élégant... l'autre au premier tour se casse les reins!...

Nous évoluons, nous, parmi les révolutions sanglantes, les épopées glorieuses, les formes diverses de gouvernements, les guerres douloureuses, les luttes fratricides, les spéculations hardies de l'intelligence, et les inventions variées de la science... Mais nous vivons... demeurant toujours la race qui veut monter aux sommets inaccessibles, et dompter les mondes... Eux, à notre contact, se saoûlent, dansent..., puis disparaissent!

Nous allons trop vite sans ménager la transition, mais alors? — Alors? Osons donc avouer, simplement et sans ambages, que nous connaissions une méthode meilleure, à tous les points de vue, mais que nous n'avons pas voulu la suivre, par crainte de quelques jugements, nés de sentiments faussés, et recouverts de mots pompeux, mauvais héritage de la fin du dernier siècle dont nous n'avons pas su nous débarrasser.

Anti-esclavagistes! nous le sommes tous, quand il s'agit de mettre fin aux razzias qui dépeuplent l'Afrique, ensanglantent les villages, et laissent, à chaque détour du sentier, un corps d'homme ou de femme émacié par la faim, déformé, contusionné, endolori par les entraves et les coups, et qui ne tarde pas à devenir la proie des animaux... Nous le sommes encore, quand il s'agit de supprimer les mauvais traitements infflgés aux travailleurs noirs de toutes catégories; mauvais traitements par lesquels s'illustrèrent tant de colons de race blanche, et auxquels encore d'aucuns se laissent aller si facilement!

Et à ces deux desiderata j'en ajouterai un troisième : qu'on interdise la vente aux noirs des alcools, spécialement ceux appelés « *alcools de traite* » avec autant de rigueur que la vente des armes perfectionnées. »

Mais... de la traite proprement dite avec toutes ces horreurs, aux *bienfaits de notre code*, il y a encore loin !

Il existe, en Afrique, un esclavage qui n'est pas aussi barbare qu'on se l'imagine. Interrogez les voyageurs qui ont vécu plusieurs années dans ces régions qui vont du Sénégal au Haut-Congo en traversant le Soudan? Ici, l'esclave est bien nourri, peu chargé en besogne, considéré, consulté comme un membre de la famille ou de la tribu... Là, il est si peu esclave, au sens ordinaire du mot, que, si le maître a besoin de quelques hommes pour un travail pénible et pressé, il est souvent obligé de s'adresser à d'autres... etc. Que reste-t-il de ce que nous montre notre imagination quand ce gros mot d'esclavage sonne à nos oreilles? Absolument rien qu'une appellation différente de l'individu...

Eh bien ! j'imaginerais très volontiers, qu'au lieu de penser, tout d'abord, à donner aux noirs et d'emblée, tous les articles de notre code avec le titre de « citoyens, » on pratiquât cet « *esclavage mitigé,* » en lui donnant pour base la définition donnée plus haut de l'abolition : « Nul ne peut, etc., etc. » Cet état de choses ne conférerait pas des droits incompatibles avec leur intelligence, leur moral, leurs

mœurs et leurs besoins, tandis que leurs devoirs sont in-
fimes et leur responsabilité peu étendue. Puis enfin, si l'on
tenait particulièrement à en faire des citoyens..., des élec-
teurs, pourrais-je dire... l'on chercherait et définirait un
système d'*affranchissement moderne progressif*, évitant
ainsi de faire l'hypothèse gratuite qu'ils ont déjà franchi
la distance qui les sépare de nous, hypothèse brutalement
controuvée par les faits, et des plus dangereuses pour
eux.

En résumé, il fallait d'abord, il faudrait encore et surtout, *créer des générations d'hommes devenus libres en vertu
d'un effort moral accompli*... Sans cet effort, sans cette ap-
pétence dIrigée et soutenue par les bienfaiteurs, il est pres-
qu'impossible qu'ils apprécient la valeur du bienfait... Et
s'il est généralement reconnu que chez beaucoup de noirs
ayant de longue date profité des avantages de notre civilisation, l'œuvre demeure cependant comme inachevée, c'est
à ce vice premier de la méthode qu'il faut s'en prendre.

. . . .

Et maintenant que conclure des trop longues pages que
j'ai eu la cruauté de vous lire, sans craindre d'abuser de
cette circonstance : que j'étais seul inscrit au programme,
sans craindre, par conséquent, de fatiguer votre bienveillante attention ?

En essayant ces quelques critiques de détail, j'ai simplement répondu à l'appel de M. Forget, sollicitant les curiosités, les analyses et les amitiés. J'ai voulu, avec mes modestes moyens, attirer l'attention sur cette colonie un peu
délaissée, dont la mauvaise réputation a été surfaite, et qui
mérite plus d'égards. Enfin, j'ai voulu éviter d'entrer dans
cette terrible conspiration du silence qu'il redoutait si fort,
la seule, en effet, dont on ne triomphe pas.

Que le seul fait d'avoir parlé du Congo attire vers lui

— 32 —

d'autres curiosités, ce sera un résultat appréciable, et j'en serai satisfait.

Et quand aux pauvres considérations philosophiques que j'ai osé soumettre à votre jugement éclairé, si j'ai été assez heureux pour soulever un petit coin du manteau de la vérité, et, à cause de cela, intéresser un peu votre esprit avide de ces choses, j'aurais mauvaise grâce à tirer moi-même les conclusions et à lui enlever ainsi le charme des réflexions et des pensers sérieux auxquels il se complaît.

Décembre 1893.

P. BOURDARIE.

Beaugency. — Imp. J. Laffray.